pocket posh girl
hangman
100 puzzles

The Puzzle Society™
puzzlesociety.com

**Andrews McMeel
Publishing, LLC**

Kansas City · Sydney · London

POCKET POSH® GIRL HANGMAN

10 11 12 13 14 IGO 10 9 8 7 6 5 4 3 2 1

ISBN: 978-0-7407-9861-0

Illustration by
robinzingone®

www.puzzlesociety.com
www.andrewsmcmeel.com

ATTENTION: SCHOOLS AND BUSINESSES
Andrews McMeel books are available at quantity discounts
with bulk purchase for educational, business, or sales
promotional use. For information, please write to: Special
Sales Department, Andrews McMeel Publishing, LLC,
1130 Walnut Street, Kansas City, Missouri 64106.

how to play

To solve the puzzle, you must fill in the
numbered blanks to form the correct word.
First, guess a letter and scratch off the
corresponding silver circle to reveal your
clue. If your guess is correct, the scratched-
off area will reveal a number (or numbers)
corresponding to the numbered blanks.
Write your correctly guessed letter in the
appropriately numbered blank(s) and
guess again. If your guess is incorrect, the
scratched-off area will reveal an ✖ and you
must fill in one area of your hangman. Solve
the puzzle before your hangman is hanged!

To help you get started, each puzzle features
a clue that tells you whether the answer is a
person, place, or thing. Good luck!

pocket posh® *girl*
hangman
(100) PUZZLES

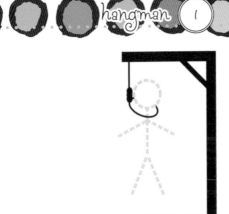

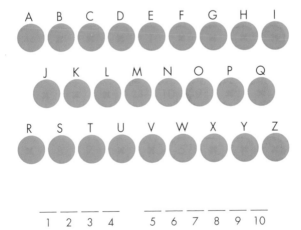

$\overline{}_{1}\ \overline{}_{2}\ \overline{}_{3}\ \overline{}_{4}\ \ \ \overline{}_{5}\ \overline{}_{6}\ \overline{}_{7}\ \overline{}_{8}\ \overline{}_{9}\ \overline{}_{10}$

HINT: person

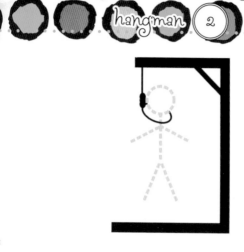

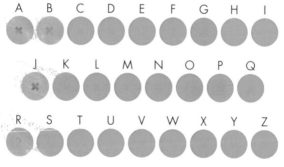

A	B	C	D	E	F	G	H	I
✗	✗							

J	K	L	M	N	O	P	Q
✗							

R	S	T	U	V	W	X	Y	Z
?								

___ ___ ___ ___ ___   ___ ___ ___ ___ ___ ___ ___ ___
1   2   3   4   5   6   7   8   9   10 11 12 13

HINT: thing

2

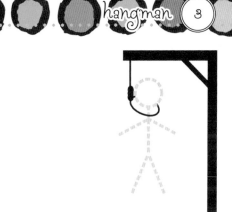

A B C D E F G H I

J K L M N O P Q

R S T U V W X Y Z

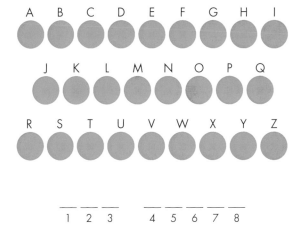

___ ___ ___   ___ ___ ___ ___ ___
 1   2   3   4   5   6   7   8

HINT: thing

3

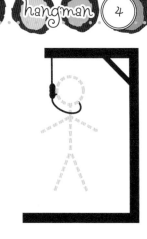

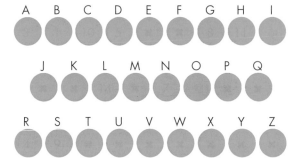

A B C D E F G H I

J K L M N O P Q

R S T U V W X Y Z

___ ___ ___ ___ ___ ___ ___ ___   ___ ___ ___ ___ ___ ___
1   2   3   4   5   6   7   8   9 10 11 12 13 14

HINT: thing

4

A B C D E F G H I

J K L M N O P Q

R S T U V W X Y Z

___ ___ ___ ___   ___ ___ ___ ___ ___ ___
1 2 3 4   5 6 7 8 9 10

HINT: person

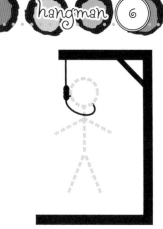

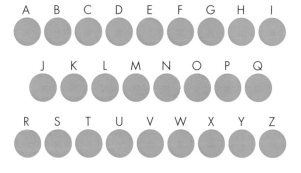

— — — — — — —
1   2   3   4   5   6   7

HINT: thing

6

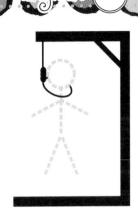

A B C D E F G H I

J K L M N O P Q

R S T U V W X Y Z

___ ___ ___ ___ ___ ___   ___ ___ ___ ___ ___ ___
1   2   3   4   5   6   7   8   9   10 11 12

HINT: place

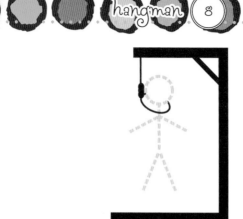

| A | B | C | D | E | F | G | H | I |

| J | K | L | M | N | O | P | Q |

| R | S | T | U | V | W | X | Y | Z |

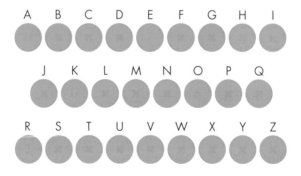

‾‾ ‾‾ ‾‾ ‾‾ ‾‾ ‾‾ ‾‾
1 2 3 4 5 6 7

HINT: thing

8

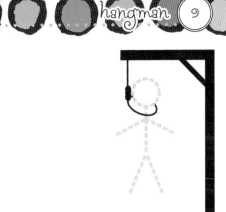

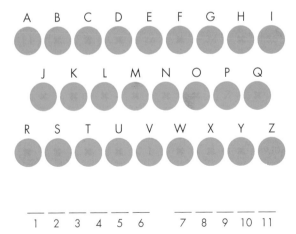

A B C D E F G H I

J K L M N O P Q

R S T U V W X Y Z

— — — — — —   — — — — —
1 2 3 4 5 6   7 8 9 10 11

HINT: thing

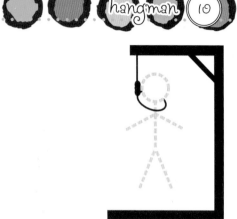

A B C D E F G H I

J K L M N O P Q

R S T U V W X Y Z

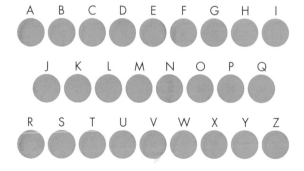

— — — — — —   — — — — — — —
1 2 3 4 5 6   7 8 9 10 11 12 13

HINT: person

10

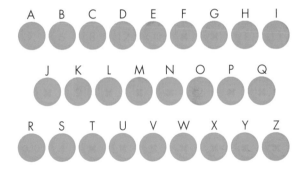

___ ___ ___ ___ ___ ___ ___ ___ ___   ___ ___ ___ ___
 1   2   3   4   5   6   7   8   9   10 11 12 13

HINT: thing

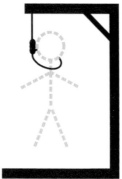

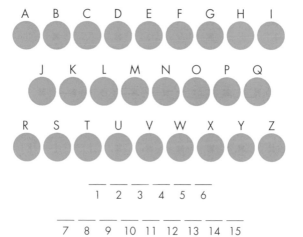

A	B	C	D	E	F	G	H	I

J	K	L	M	N	O	P	Q

R	S	T	U	V	W	X	Y	Z

__ __ __ __ __ __
1 2 3 4 5 6

__ __ __ __ __ __ __ __ __
7 8 9 10 11 12 13 14 15

HINT: place

A B C D E F G H I

J K L M N O P Q

R S T U V W X Y Z

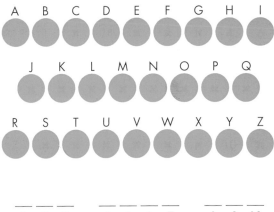

___ ___ ___   ___ ___ ___ ___   ___ ___ ___
1 2 3   4 5 6 7   8 9 10

HINT: *thing*

13

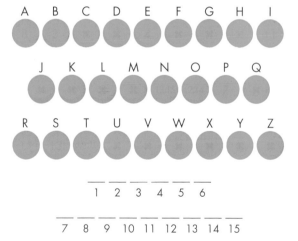

A B C D E F G H I

J K L M N O P Q

R S T U V W X Y Z

___ ___ ___ ___ ___ ___
1 2 3 4 5 6

___ ___ ___ ___ ___ ___ ___ ___ ___
7 8 9 10 11 12 13 14 15

HINT: person

A B C D E F G H I

J K L M N O P Q

R S T U V W X Y Z

___ ___ ___ ___   ___ ___ ___ ___
1 2 3 4   5 6 7 8

HINT: place

A B C D E F G H I

J K L M N O P Q

R S T U V W X Y Z

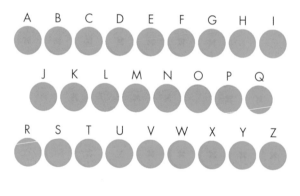

— — — — —   — — — —
1 2 3 4 5   6 7 8 9

HINT: thing

16

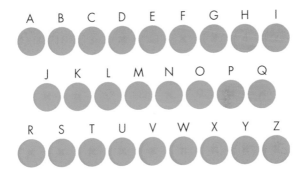

A B C D E F G H I

J K L M N O P Q

R S T U V W X Y Z

___ ___ ___ ___ ___ ___ ___ ___   ___ ___ ___ ___ ___
1   2   3   4   5   6   7   8   9   10 11 12 13

HINT: person

hangman 18

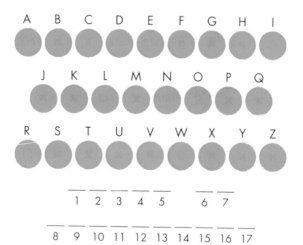

A B C D E F G H I

J K L M N O P Q

R S T U V W X Y Z

‾ ‾ ‾ ‾ ‾   ‾ ‾
1 2 3 4 5   6 7

‾ ‾ ‾ ‾ ‾ ‾ ‾ ‾ ‾ ‾
8 9 10 11 12 13 14 15 16 17

HINT: person

18

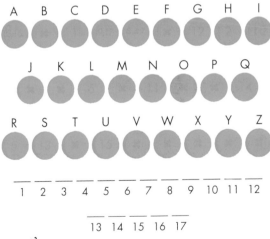

A B C D E F G H I

J K L M N O P Q

R S T U V W X Y Z

‒ ‒ ‒ ‒ ‒ ‒ ‒ ‒ ‒ ‒ ‒ ‒
1 2 3 4 5 6 7 8 9 10 11 12

‒ ‒ ‒ ‒ ‒
13 14 15 16 17

HINT: thing

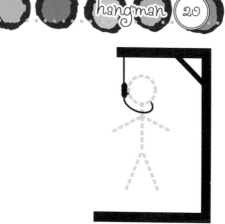

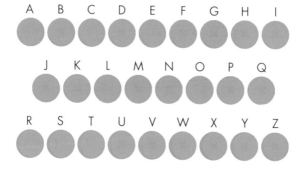

---
1 2 3 4 5 6   7 8 9 10 11 12 13

HINT: thing

20

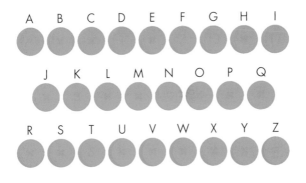

A B C D E F G H I

J K L M N O P Q

R S T U V W X Y Z

‾ ‾ ‾ ‾ ‾ ‾   ‾ ‾ ‾ ‾ ‾ ‾ ‾
1 2 3 4 5 6   7 8 9 10 11 12 13

HINT: person

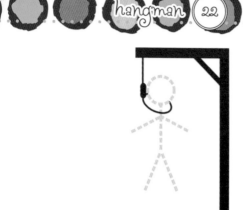

A B C D E F G H I

J K L M N O P Q

R S T U V W X Y Z

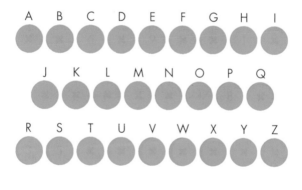

___ ___ ___ ___ ___ ___ ___ ___ ___
1   2   3   4   5   6   7   8   9

HINT: thing

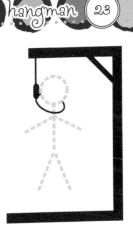

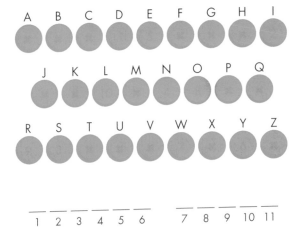

$\overline{}_1 \ \overline{}_2 \ \overline{}_3 \ \overline{}_4 \ \overline{}_5 \ \overline{}_6 \qquad \overline{}_7 \ \overline{}_8 \ \overline{}_9 \ \overline{}_{10} \ \overline{}_{11}$

HINT: place

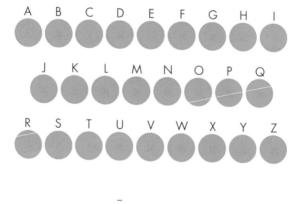

$$\frac{\quad}{1} \frac{\quad}{2} \frac{\quad}{3} - \frac{\quad}{4} \frac{\quad}{5} \frac{\quad}{6} \frac{\quad}{7} \frac{\quad}{8} \frac{\quad}{9}$$

HINT: person

24

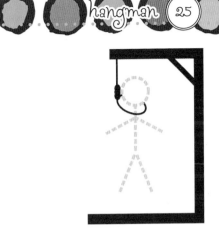

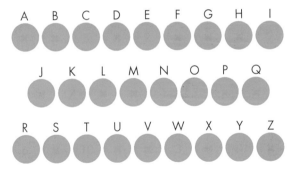

$\overline{}\ \overline{}\ \overline{}$ $\overline{}\ \overline{}\ \overline{}\ \overline{}$ $\overline{}\ \overline{}\ \overline{}\ \overline{}$
1 2 3   4 5 6 7   8 9 10 11

HINT: place

hangman 26

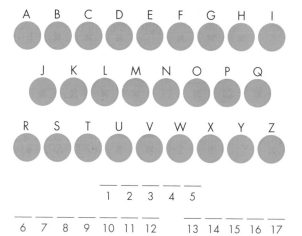

| A | B | C | D | E | F | G | H | I |

| J | K | L | M | N | O | P | Q |

| R | S | T | U | V | W | X | Y | Z |

___ ___ ___ ___ ___
1 2 3 4 5

___ ___ ___ ___ ___ ___ ___   ___ ___ ___ ___ ___
6 7 8 9 10 11 12   13 14 15 16 17

HINT: thing

26

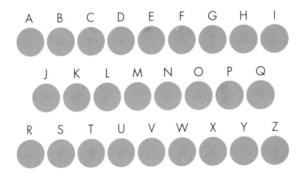

$$\overline{}\ \overline{}\ \overline{}\ \overline{}\ \overline{}\ \overline{}\ \overline{}$$
1 2 3 4 5 6 7

HINT: thing

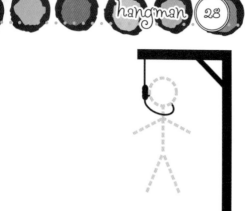

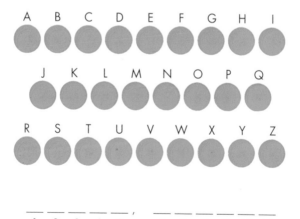

_ _ _ _ _ ' _ _ _ _ _ _
1 2 3 4 5   6 7 8 9 10 11

HINT: place

28

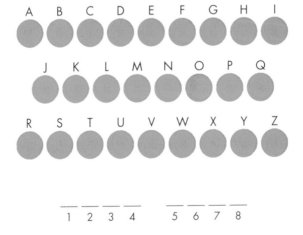

| A | B | C | D | E | F | G | H | I |

| J | K | L | M | N | O | P | Q |

| R | S | T | U | V | W | X | Y | Z |

__ __ __ __   __ __ __ __
1 2 3 4   5 6 7 8

HINT: person

29

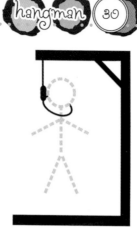

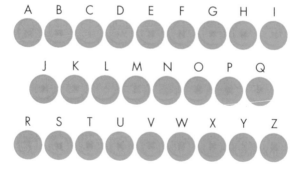

A B C D E F G H I

J K L M N O P Q

R S T U V W X Y Z

___ ___ ___ ___ ___   ___ ___ ___ ___
 1   2   3   4   5   6   7   8   9

HINT: *thing*

A B C D E F G H I

J K L M N O P Q

R S T U V W X Y Z

__ __ __ __ __ __ __
1 2 3 4 5 6 7

__ __ __ __ __ __ __ __
8 9 10 11 12 13 14 15

HINT: person

31

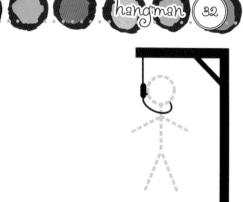

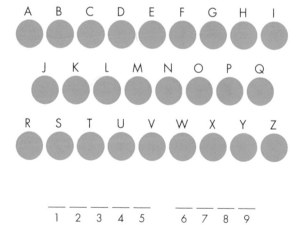

— — — — —   — — — —
1   2   3   4   5   6   7   8   9

HINT: place

32

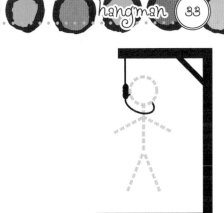

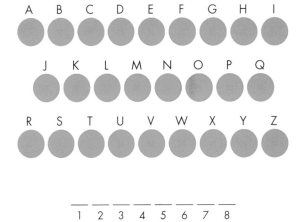

| A | B | C | D | E | F | G | H | I |

| J | K | L | M | N | O | P | Q |

| R | S | T | U | V | W | X | Y | Z |

—— —— —— —— —— —— —— ——
1 2 3 4 5 6 7 8

HINT: thing

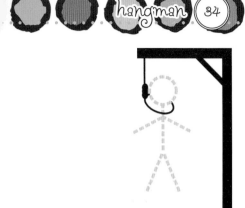

A B C D E F G H I

J K L M N O P Q

R S T U V W X Y Z

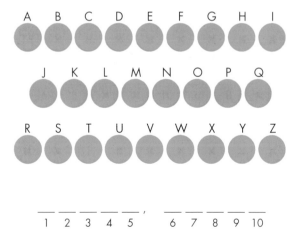

— — — — — , — — — — —
1 2 3 4 5   6 7 8 9 10

HINT: place

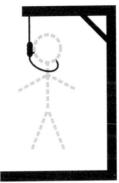

A B C D E F G H I

J K L M N O P Q

R S T U V W X Y Z

___ ___ ___ ___ ___ ___ ___
1   2   3   4   5   6   7

___ ___ ___ ___ ___ ___ ___ ___
8   9   10 11 12 13 14 15

HINT: person

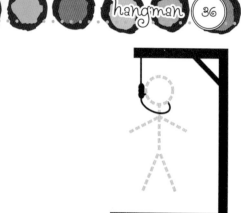

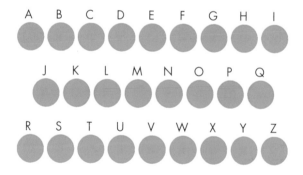

___ ___ ___ ___ ___ ___ ___ ___ ___   ___ ___ ___ ___
1   2   3   4   5   6   7   8   9   10 11 12 13

HINT: place

36

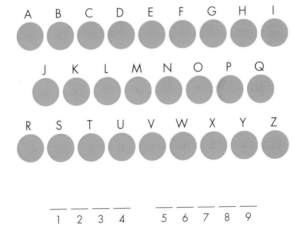

$\overline{}$ $\overline{}$ $\overline{}$ $\overline{}$ $\overline{}$ $\overline{}$ $\overline{}$ $\overline{}$ $\overline{}$
1   2   3   4   5   6   7   8   9

HINT: thing

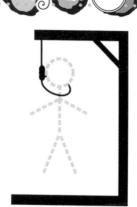

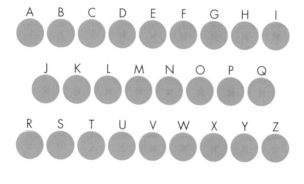

1	2	3	4	5	6	7	8	9

HINT: place

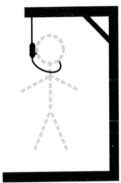

A B C D E F G H I

J K L M N O P Q

R S T U V W X Y Z

___ ___ ___ ___ ___   ___ ___ ___ ___ ___
 1   2   3   4   5   6   7   8   9 10

HINT: person

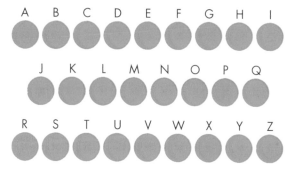

A B C D E F G H I

J K L M N O P Q

R S T U V W X Y Z

___ ___ ___ ___ ___ ___   ___ ___ ___ ___ ___
 1   2   3   4   5   6   7   8   9 10 11

HINT: thing

40

A B C D E F G H I

J K L M N O P Q

R S T U V W X Y Z

__ __ __   __ __ __ __ __
1 2 3   4 5 6 7 8

HINT: person

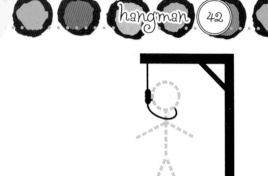

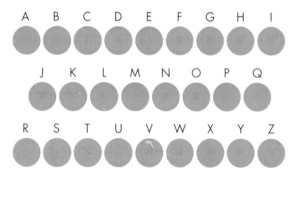

$\overline{}\ \overline{}\ \overline{}\ \overline{}\ \overline{}\ \overline{}\quad \overline{}\ \overline{}\ \overline{}\ \overline{}$
1 2 3 4 5 6   7 8 9 10

HINT: place

42

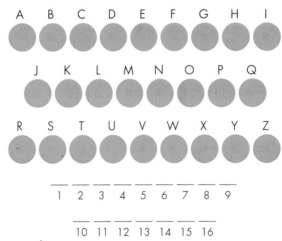

A B C D E F G H I

J K L M N O P Q

R S T U V W X Y Z

___ ___ ___ ___ ___ ___ ___ ___ ___
1 2 3 4 5 6 7 8 9

___ ___ ___ ___ ___ ___
10 11 12 13 14 15 16

HINT: thing

43

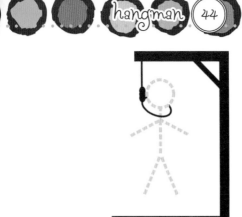

| A | B | C | D | E | F | G | H | I |

| J | K | L | M | N | O | P | Q |

| R | S | T | U | V | W | X | Y | Z |

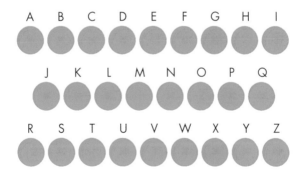

__ __ __ __ __   __ __ __ __ __ __ __
1 2 3 4 5   6 7 8 9 10 11 12

HINT: place

44

A B C D E F G H I

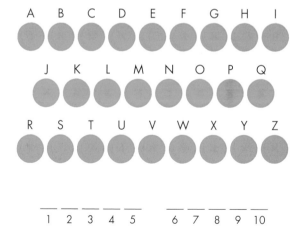

J K L M N O P Q

R S T U V W X Y Z

— — — — —   — — — — —
1 2 3 4 5   6 7 8 9 10

HINT: person

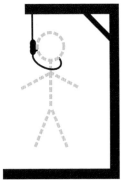

A B C D E F G H I

J K L M N O P Q

R S T U V W X Y Z

___ ___ ___ ___   ___ ___ ___ ___
 1   2   3   4   5   6   7   8

HINT: person

46

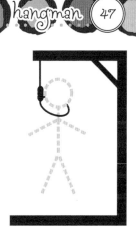

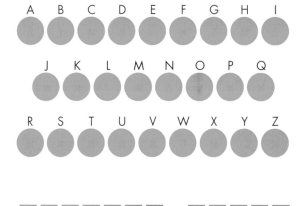

___ ___ ___ ___ ___ ___ ___   ___ ___ ___ ___ ___
1   2   3   4   5   6   7   8   9   10 11 12

HINT: place

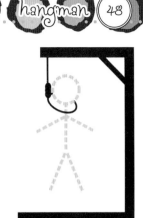

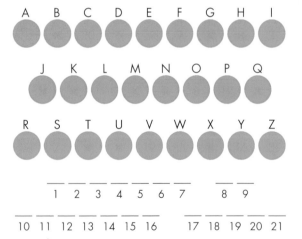

A B C D E F G H I

J K L M N O P Q

R S T U V W X Y Z

___ ___ ___ ___ ___ ___ ___   ___ ___
 1   2   3   4   5   6   7   8   9

___ ___ ___ ___ ___ ___ ___   ___ ___ ___ ___ ___
10 11 12 13 14 15 16   17 18 19 20 21

HINT: thing

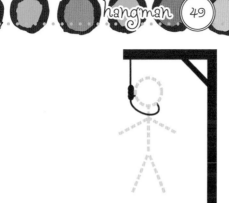

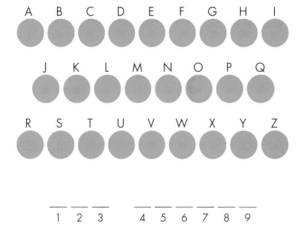

$$\overline{}\ \overline{}\ \overline{}\qquad\overline{}\ \overline{}\ \overline{}\ \overline{}\ \overline{}\ \overline{}$$

1 2 3   4 5 6 7 8 9

HINT: place

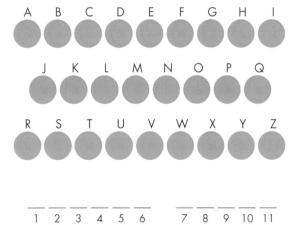

| A | B | C | D | E | F | G | H | I |

| J | K | L | M | N | O | P | Q |

| R | S | T | U | V | W | X | Y | Z |

___ ___ ___ ___ ___ ___   ___ ___ ___ ___ ___
 1   2   3   4   5   6   7   8   9 10 11

HINT: person

50

A B C D E F G H I

J K L M N O P Q

R S T U V W X Y Z

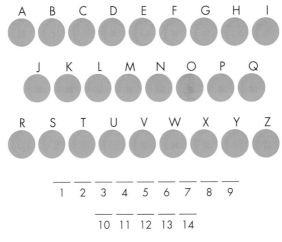

___ ___ ___ ___ ___ ___ ___ ___ ___
1   2   3   4   5   6   7   8   9

___ ___ ___ ___ ___
10 11 12 13 14

HINT: person

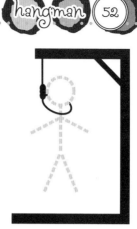

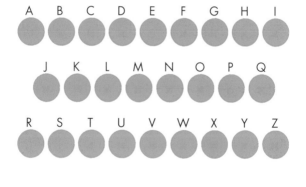

___ ___ ___ ___ ___   ___ ___ ___ ___
 1   2   3   4   5   6   7   8   9

HINT: place

52

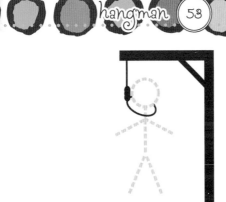

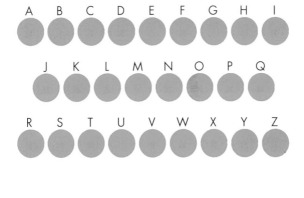

```
___ ___ ___ ___ ___ ___   ___ ___ ___
 1   2   3   4   5   6     7   8   9
```

HINT: thing

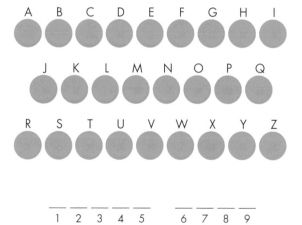

A B C D E F G H I

J K L M N O P Q

R S T U V W X Y Z

___ ___ ___ ___ ___   ___ ___ ___ ___
 1   2   3   4   5   6   7   8   9

HINT: person

A	B	C	D	E	F	G	H	I

J	K	L	M	N	O	P	Q

R	S	T	U	V	W	X	Y	Z

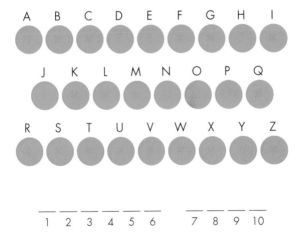

___ ___ ___ ___ ___ ___   ___ ___ ___ ___
 1   2   3   4   5   6   7   8   9   10

HINT: person

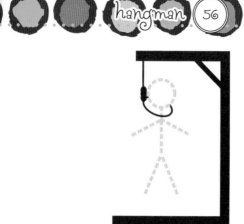

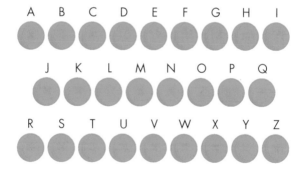

$\overline{}$ $\overline{}$ $\overline{}$ $\overline{}$ $\overline{}$ $\overline{}$ $\overline{}$ $\overline{}$ $\overline{}$ $\overline{}$ $\overline{}$ $\overline{}$ $\overline{}$

1   2   3   4   5   6   7   8   9   10   11   12   13

HINT: thing

hangman 57

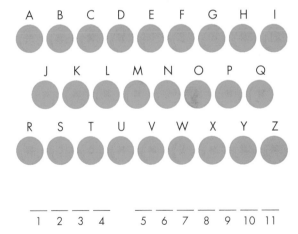

A B C D E F G H I

J K L M N O P Q

R S T U V W X Y Z

— — — —   — — — — — — —
1 2 3 4   5 6 7 8 9 10 11

HINT: person

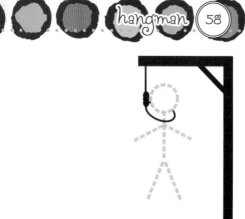

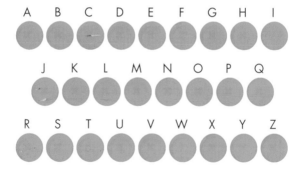

$$\overline{} \; \overline{} \; \overline{} \qquad \overline{} \; \overline{} \; \overline{}$$
1 2 3   4 5 6

HINT: thing

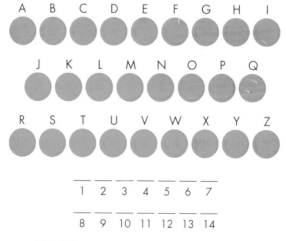

A B C D E F G H I

J K L M N O P Q

R S T U V W X Y Z

$\frac{}{1}$ $\frac{}{2}$ $\frac{}{3}$ $\frac{}{4}$ $\frac{}{5}$ $\frac{}{6}$ $\frac{}{7}$

$\frac{}{8}$ $\frac{}{9}$ $\frac{}{10}$ $\frac{}{11}$ $\frac{}{12}$ $\frac{}{13}$ $\frac{}{14}$

HINT: person

59

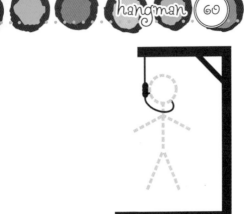

A B C D E F G H I

J K L M N O P Q

R S T U V W X Y Z

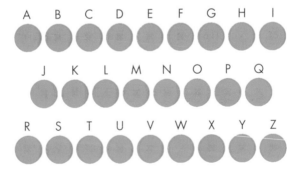

— — — — — — — —   — — — —
1 2 3 4 5 6 7 8   9 10 11 12

HINT: thing

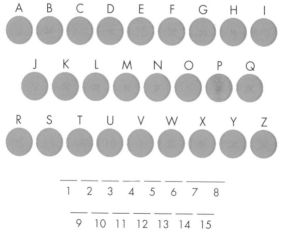

A B C D E F G H I

J K L M N O P Q

R S T U V W X Y Z

___ ___ ___ ___ ___ ___ ___ ___
1   2   3   4   5   6   7   8

___ ___ ___ ___ ___ ___ ___
9 10 11 12 13 14 15

HINT: person

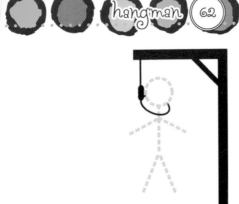

hangman 62

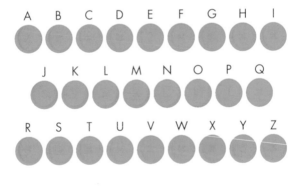

A B C D E F G H I

J K L M N O P Q

R S T U V W X Y Z

‾ ‾ ‾ ‾ ‾   ‾ ‾ ‾ ‾ ‾ ‾ ‾
1 2 3 4 5   6 7 8 9 10 11 12

HINT: person

62

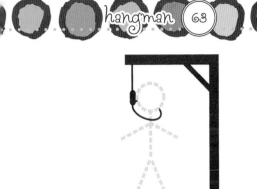

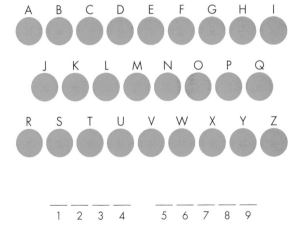

$\overline{}_1 \;\overline{}_2 \;\overline{}_3 \;\overline{}_4 \qquad \overline{}_5 \;\overline{}_6 \;\overline{}_7 \;\overline{}_8 \;\overline{}_9$

HINT: thing

63

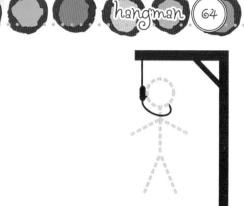

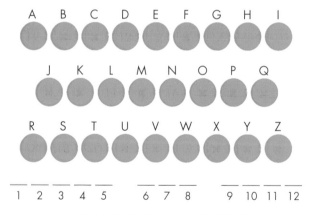

A B C D E F G H I

J K L M N O P Q

R S T U V W X Y Z

___ ___ ___ ___ ___   ___ ___ ___   ___ ___ ___ ___
 1   2   3   4   5   6   7   8   9 10 11 12

            ___ ___ ___ ___ ___ ___   ___ ___ ___
            13 14 15 16 17 18   19 20 21

HINT: thing

64

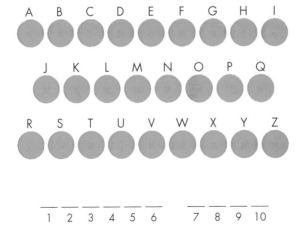

A B C D E F G H I

J K L M N O P Q

R S T U V W X Y Z

‗ ‗ ‗ ‗ ‗ ‗   ‗ ‗ ‗ ‗
1 2 3 4 5 6   7 8 9 10

HINT: place

65

hangman 66

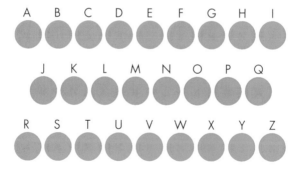

— — — — — — —
1 2 3 4 5 6 7

HINT: person

66

A B C D E F G H I

J K L M N O P Q

R S T U V W X Y Z

___ ___ ___ ___ ___   ___ ___ ___ ___ ___ ___
1 2 3 4 5   6 7 8 9 10 11

HINT: person

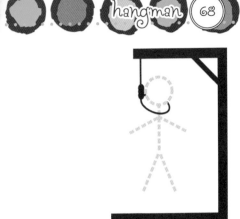

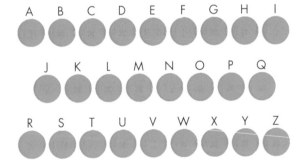

A B C D E F G H I

J K L M N O P Q

R S T U V W X Y Z

— — — — — — — —   — — — — —
1 2 3 4 5 6 7 8   9 10 11 12 13

HINT: thing

68

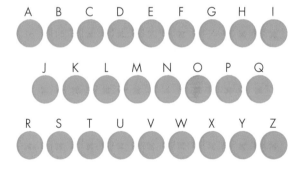

$$\overline{\quad}\ \overline{\quad}\ \overline{\quad}\ \overline{\quad}\ \overline{\quad}\ \overline{\quad}\ \overline{\quad}$$
1　2　3　4　5　6　7

HINT: thing

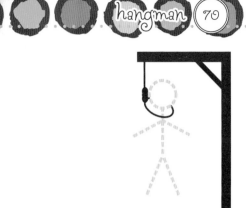

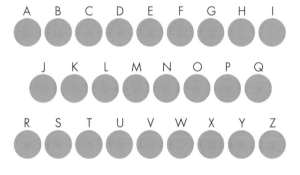

___ ___ ___ ___ ___ ___
1   2   3   4   5   6

HINT: place

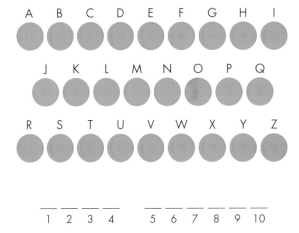

A	B	C	D	E	F	G	H	I
J	K	L	M	N	O	P	Q
R	S	T	U	V	W	X	Y	Z

‾1‾ ‾2‾ ‾3‾ ‾4‾   ‾5‾ ‾6‾ ‾7‾ ‾8‾ ‾9‾ ‾10‾

HINT: thing

71

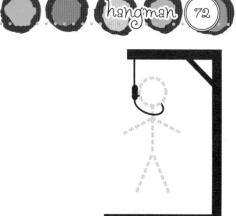

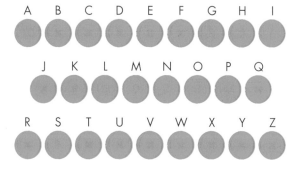

A B C D E F G H I

J K L M N O P Q

R S T U V W X Y Z

‾ ‾ ‾ ‾ ‾ ‾ ‾ ‾   ‾ ‾ ‾ ‾
1 2 3 4 5 6 7 8   9 10 11 12

HINT: place

72

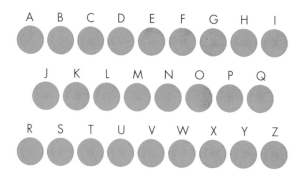

$$\overline{}\ \overline{}\ \overline{}\ \overline{}\ \overline{}\ \overline{}\ \overline{}\ \overline{}\ \overline{}$$
1 2 3 4 5 6 7 8 9

HINT: thing

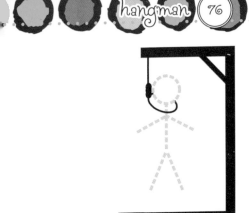

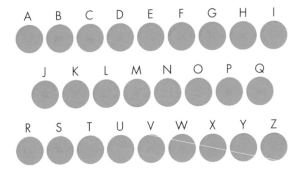

A B C D E F G H I

J K L M N O P Q

R S T U V W X Y Z

___ ___ ___ ___ ___ ___   ___ ___ ___ ___ ___ ___ ___
1   2   3   4   5   6   7   8   9 10 11 12 13

HINT: person

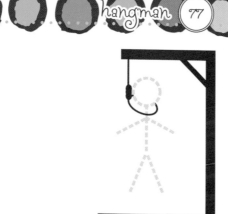

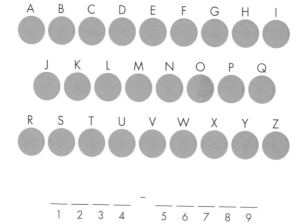

$\overline{}\ \overline{}\ \overline{}\ \overline{}\ -\ \overline{}\ \overline{}\ \overline{}\ \overline{}\ \overline{}$

1 2 3 4   5 6 7 8 9

HINT: thing

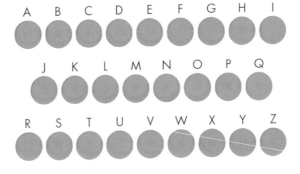

A B C D E F G H I

J K L M N O P Q

R S T U V W X Y Z

---
1 2 3 4   5 6 7 8 9 10 11 12 13

HINT: person

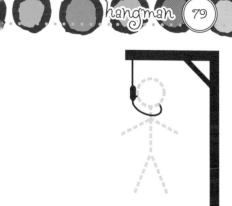

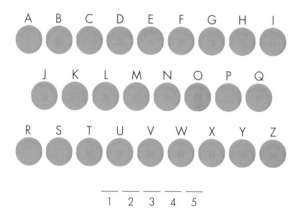

A B C D E F G H I

J K L M N O P Q

R S T U V W X Y Z

___ ___ ___ ___ ___
  1   2   3   4   5

___ ___ ___ ___ ___ ___ ___ ___   ___ ___ ___ ___
 6   7   8   9 10 11 12 13   14 15 16 17

HINT: thing

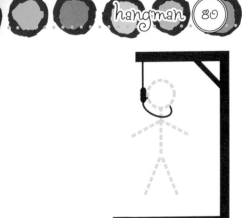

A	B	C	D	E	F	G	H	I

J	K	L	M	N	O	P	Q

R	S	T	U	V	W	X	Y	Z

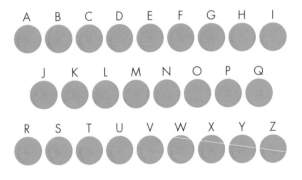

___ ___ ___ ___ ___ ___ ___
 1   2   3   4   5   6   7

HINT: thing

A B C D E F G H I

J K L M N O P Q

R S T U V W X Y Z

— — — — —   — — — — —
1 2 3 4 5   6 7 8 9 10

HINT: place

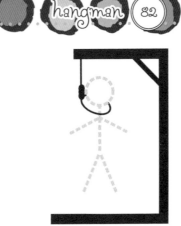

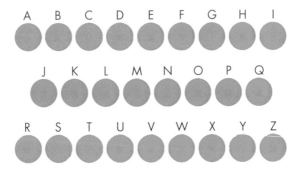

A B C D E F G H I

J K L M N O P Q

R S T U V W X Y Z

___ ___ ___ ___ ___ ___ ___ ___ ___ ___
1 2 3 4 5 6 7 8 9 10

HINT: thing

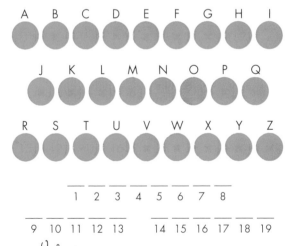

A B C D E F G H I

J K L M N O P Q

R S T U V W X Y Z

___ ___ ___ ___ ___ ___ ___ ___
1 2 3 4 5 6 7 8

___ ___ ___ ___ ___ ___ ___ ___ ___ ___ ___
9 10 11 12 13   14 15 16 17 18 19

HINT: thing

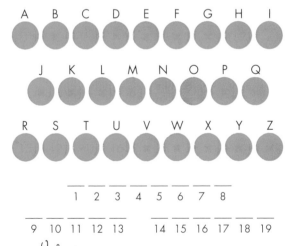

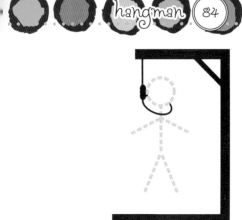

A	B	C	D	E	F	G	H	I

J	K	L	M	N	O	P	Q

R	S	T	U	V	W	X	Y	Z

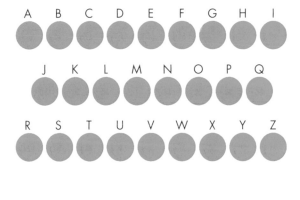

___ ___ ___ ___ ___ ___ ___ ___ ___ ___
 1   2   3   4   5   6   7   8   9   10

HINT: place

84

A	B	C	D	E	F	G	H	I

J	K	L	M	N	O	P	Q

R	S	T	U	V	W	X	Y	Z

```
 __ __ __ __ __ __
 1  2  3  4  5  6

 __ __ __ __ __ __ __ __ __
 7  8  9 10 11 12 13 14 15
```

HINT: person

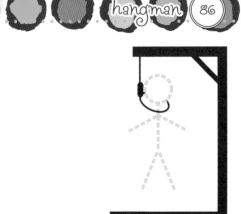

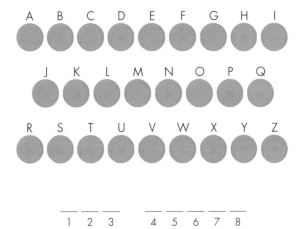

— — —   — — — — —
1 2 3   4 5 6 7 8

HINT: person

86

A B C D E F G H I

J K L M N O P Q

R S T U V W X Y Z

___ ___ ___ ___ ___ ___
1   2   3   4   5   6

HINT: thing

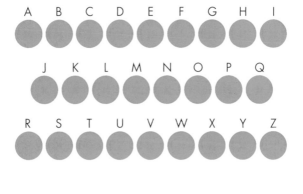

A B C D E F G H I

J K L M N O P Q

R S T U V W X Y Z

___ ___ ___ ___   ___ ___ ___ ___ ___
 1   2   3   4   5   6   7   8   9

HINT: place

| A | B | C | D | E | F | G | H | I |

| J | K | L | M | N | O | P | Q |

| R | S | T | U | V | W | X | Y | Z |

_ _ _ _ _
1 2 3 4 5

_ _ _ _ _ _ _ _ _
6 7 8 9 10 11 12 13 14

HINT: place

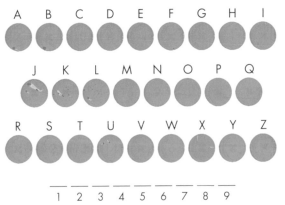

A B C D E F G H I

J K L M N O P Q

R S T U V W X Y Z

___ ___ ___ ___ ___ ___ ___ ___ ___
1   2   3   4   5   6   7   8   9

___ ___ ___ ___ ___ ___ ___
10 11 12 13 14 15 16

HINT: thing

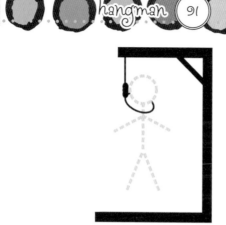

A B C D E F G H I

J K L M N O P Q

R S T U V W X Y Z

_ _ _ _ _ _ _ _ _
1 2 3 4 5 6 7 8 9

HINT: place

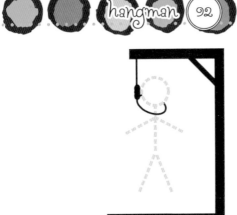

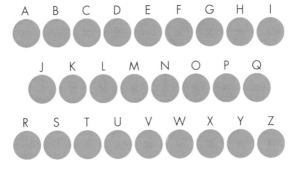

___ ___ ___ ___ ___ ___   ___ ___ ___ ___ ___ ___
 1   2   3   4   5   6   7   8   9 10 11 12

HINT: person

A B C D E F G H I

J K L M N O P Q

R S T U V W X Y Z

___ ___ ___ ___   ___ ___ ___ ___ ___ ___ ___ ___
 1   2   3   4   5   6   7   8   9 10 11 12

HINT: thing

A B C D E F G H I

J K L M N O P Q

R S T U V W X Y Z

___ ___ ___ ___ ___   ___ ___ ___ ___ ___ ___
1   2   3   4   5   6   7   8   9   10 11

HINT: place

94

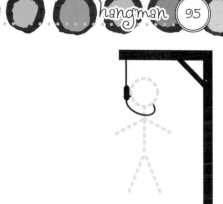

A	B	C	D	E	F	G	H	I
○	○	○	○	○	○	○	○	○

J	K	L	M	N	O	P	Q
○	○	○	○	○	○	○	○

R	S	T	U	V	W	X	Y	Z
○	○	○	○	○	○	○	○	○

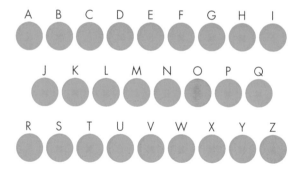

__ __ __ __ __ __ __ __
1 2 3 4 5 6 7 8

HINT: thing

95

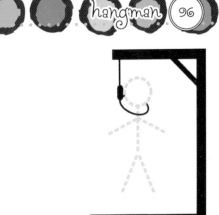

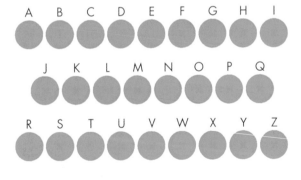

___ ___ ___ ___ ___ ___   ___ ___ ___ ___ ___ ___
1 2 3 4 5 6   7 8 9 10 11 12

HINT: person

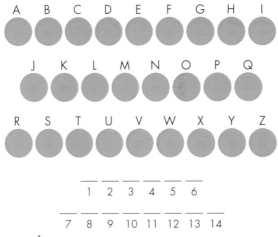

A B C D E F G H I

J K L M N O P Q

R S T U V W X Y Z

— — — — — —
1 2 3 4 5 6

— — — — — — — —
7 8 9 10 11 12 13 14

HINT: thing

A B C D E F G H I

J K L M N O P Q

R S T U V W X Y Z

$$\overline{} \ \overline{} \ \overline{} \ \overline{} \ \overline{}$$
1 2 3 4 5

$$\overline{} \ \overline{} \ \overline{} \ \overline{} \ \overline{} \ \overline{} \ \overline{} \ \overline{} \ \overline{} \ \overline{} \ \overline{}$$
6 7 8 9 10 11 12 13 14 15 16

HINT: person

98

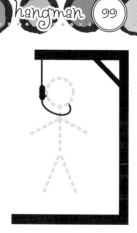

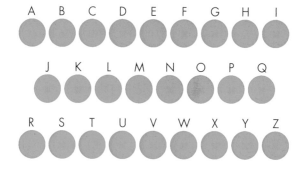

___ ___ ___ ___ ___   ___ ___ ___ ___ ___ ___ ___ ___
 1   2   3   4   5   6   7   8   9 10 11 12 13

HINT: thing

A B C D E F G H I

J K L M N O P Q

R S T U V W X Y Z

___ ___ ___ ___ ___ ___   ___ ___ ___ ___ ___
1 2 3 4 5 6   7 8 9 10 11

HINT: person

pocket posh® girl
hangman

SOLUTIONS

solutions

1. Emma Watson
2. fruit smoothie
3. lip gloss
4. boarding school
5. best friend
6. YouTube
7. Bikini Bottom
8. karaoke
9. veggie pizza
10. secret admirer
11. horseback ride
12. school cafeteria
13. bad hair day
14. Robert Pattinson
15. dorm room
16. sushi roll
17. Michelle Obama
18. Alice in Wonderland
19. cheerleading squad
20. roller coaster
21. Dakota Fanning
22. horoscope
23. Disney World
24. ice-skater
25. New York City
26. sweet sixteen party
27. vampire
28. Paris, France
29. rock star
30. Candy Land
31. Miranda Cosgrove
32. water park
33. Stardoll
34. Tokyo, Japan
35. fashion designer
36. amusement park

37. prom dress

38. Starbucks

39. Hello Kitty

40. cookie dough

41. Joe Jonas

42. summer camp

43. chocolate cupcake

44. movie theater

45. Shaun White

46. Lady Gaga

47. bowling alley

48. *Wizards of Waverly Place*

49. art museum

50. Selena Gomez

51. celebrity crush

52. skate park

53. bubble gum

54. Bella Swan

55. Johnny Depp

56. potbellied pig

57. Gwen Stefani

58. Wii Fit

59. science teacher

60. *Twilight* saga

61. Victoria Justice

62. Percy Jackson

63. cell phone

64. *Where the Wild Things Are*

65. cruise ship

66. Beyoncé

67. Harry Potter

68. favorite jeans

69. beanbag

70. Hawaii

71. Mini Cooper

72. shopping mall

73. dog trainer

74. Taylor Swift

75. snowboard

76. Taylor Lautner

77. flip-flops

78. cute lifeguard

79. paper scissors rock

80. dolphin

81. White House

82. gymnastics

83. Cinnamon Toast Crunch

84. Madagascar

85. marine biologist

86. Meg Cabot

87. *iCarly*

88. food court

89. beach boardwalk

90. Halloween costume

91. Hollywood

92. Justin Bieber

93. pink lemonade

94. Olive Garden

95. manicure

96. ballet dancer

97. laptop computer

98. Reese Witherspoon

99. charm bracelet

100. soccer coach